Pour un autre fonctionnement de la classe

● La problématique du moment :

Le fonctionnement actuel d'une classe maternelle peut se présenter comme une gageure :
Comment :
- d'une part, faire travailler la classe par groupes de 5 ou 6 enfants ?
- ensuite, être présent partout ?
- enfin, conduire son affaire de sorte que les enfants ne soient pas simplement occupés mais aient, tous, à tout moment, une activité enrichissante ?

Les présents cahiers proposent une solution en définissant un autre fonctionnement de la classe.

● Le moment collectif :

Il est évident que les moments collectifs ne se trouvent pas modifiés par nos propositions. Ils demeurent ce qu'ils sont, dans le meilleur des cas :
- des temps d'échanges, de communication de tout le groupe et surtout des leaders ;
- des temps d'élaboration de projets que le maître aide à faire naître puis à structurer ;
- des temps de plaisir où l'on danse, où l'on chante, où l'on joue tous ensemble ;
- des moments de réflexion, d'analyse d'une situation, de regards sur des réalisations, des mises au point de stratégies... ;
- des temps de répartition des enfants en petits groupes pour une activité choisie ou imposée ;
- des minutes de débats autour des problèmes concernant la vie de la classe et de l'école ;
- des temps consacrés à l'évaluation des compétences.

● L'Unité Pédagogique :

À la suite d'un moment collectif qui a pour but d'informer les enfants sur ce qu'on va faire et sur ce qu'on attend d'eux, on va distinguer et organiser deux types d'activités. Pour chaque séquence :
- une **Unité Pédagogique** (UP) ;
- des **Activités Satellites** (AS).

L'Unité Pédagogique est une séquence, une situation dans laquelle 5 enfants, environ, *en présence* et *en collaboration avec le maître* se livrent à une activité.
Deux sortes d'UP :
- les cognitives qui se situeront surtout le matin ;
- les créatives l'après-midi.
Une UP est une activité pédagogique structurée où le maître fait agir, réfléchir, argumenter, imaginer, prévoir. On aborde souvent des notions précises, on acquiert aussi des connaissances et des savoir-faire.

Le maître, meneur de jeu et observateur, peut donc aider les enfants de ce petit groupe à aller le plus loin possible dans leurs découvertes. Il est attentif au cheminement de chacun, à la démarche individuelle, variable d'un enfant à l'autre. Il aide dans l'appropriation d'un savoir. Enfin, il évalue pour organiser les prolongements nécessaires.
Ce moment est le *temps fort* de la matinée. Il sera repris plusieurs fois, au gré des maîtres, pour une répartition sur la semaine, de telle sorte que chaque enfant ait pu en bénéficier.
Dans cette réorganisation de la classe, le samedi matin est réservé aux bilans. Les UP créatives de l'après-midi fonctionnent — en général — avec des groupes plus élargis mais de la même manière.

● Les Activités Satellites :

Ce sont les activités auxquelles se livrent les autres enfants de la classe, répartis en 3 ou 4 groupes autour d'un travail précis demandé par le maître. Ces petits groupes sont autonomes et fonctionnent presque seuls, ou seuls lorsque les habitudes sont prises. Les enfants sont occupés, certes, mais ne sont pas étrangers à ce qui se passe avec le maître. Lors de la reprise des UP, les maîtres doivent sans cesse en tenir compte...

Ne retrouve-t-on pas ici ce qui se passe dans certaines classes rurales à divers niveaux, où les petits apprennent ce qui ne leur est pas directement destiné ?
Les Activités Satellites sont, dans la plupart des cas, des moments au cours desquels on s'exerce, «on fait des gammes». Ce sont des ateliers dont certains ressemblent à ceux que l'on pratique ordinairement dans une classe et d'autres sont organisés, soit pour précéder, préparer une UP en assurant dans le temps leur intégration à la personne de l'enfant, soit pour la prolonger. Les enfants y reçoivent une consigne qu'ils sont capables de comprendre et de réaliser : en général, on n'y apprend rien de nouveau. On fait des choses qu'on sait faire. Ces tâches affermissent les connaissances et affinent les compétences.
Un lien avec l'UP existe dans certaines AS spécifiques. Dans d'autres cas, il n'y a pas de lien direct.
On peut dire, en conclusion, que si toutes les AS n'ont pas une filiation avec l'UP, toute UP trouve obligatoirement écho et prolongement dans quelques AS.
Au moment des bilans et des évaluations, les maîtres perçoivent au travers des réalisations obtenues la nécessité, soit d'organiser de nouvelles UP qui répondront aux manques observés, soit de nouvelles AS qui seront directement issues de constats réalisés.

● Du travail pour une année :

Ce sont les maîtres eux-mêmes qui nous ont suggéré, dans divers groupes de travail et de réflexion, de *regrouper des activités qui peuvent s'échelonner sur une année scolaire.* Ceci permet à tous les enfants de cheminer à leur rythme : il est en général nécessaire, lorsqu'on aborde une notion, de l'éclairer, de la laisser, de la reprendre sous d'autres formes et éventuellement selon la forme initiale. Il faut faire varier des paramètres dans divers types de situations. Le temps joue avec nous, si l'on sait reprendre au bon moment un travail antérieur.
En maternelle, le maître qui n'a pas de programme à suivre, est amené à organiser lui-même ses UP selon une continuité et une progression dictées par les comportements enfantins. Nous avons parlé de flexibilité dans notre pédagogie ; les enchaînements ne peuvent être formels mais ils doivent être rigoureux.
Il y aura des évaluations réalisées au niveau des enfants mais les maîtres eux-mêmes pourront s'auto-évaluer en adoptant notre démarche. Elle repose sur la lucidité.
Pour toutes ces raisons, les présents cahiers s'adresseront à des tranches d'âge précises et proposeront une très grande variété de situations qui, en se déroulant dans le temps, permettront aux enfants de pressentir d'abord et de comprendre ensuite des notions fondamentales pour leur développement et leur future scolarité.

Y. Jenger-Dufayet

"Le photocopillage, c'est l'usage abusif et collectif de la photocopie sans autorisation des auteurs et des éditeurs.
Largement répandu dans les établissements d'enseignement, le photocopillage menace l'avenir du livre, car il met en danger son équilibre économique. Il prive les auteurs d'une juste rémunération.
En, dehors de l'usage privé du copiste, toute reproduction totale ou partielle de cet ouvrage est interdite".

© Éditions Nathan, 1991

ISBN 2.09.103425-8

Découvertes - expérimentations

La rapidité avec laquelle la société humaine d'aujourd'hui évolue, la vie de nombreux enfants dans de grands centres urbains, rendent primordiale la mise en place d'une démarche d'éveil à l'école.
Une des caractéristiques de l'éveil est qu'il peut toucher à des branches très diverses : botanique, écologie, zoologie, climatologie, minéralogie, etc., d'où l'intérêt qu'on lui porte.
Il s'agit ici, de réaliser une approche globale de ces sciences et de proposer ainsi, certains thèmes d'activités riches et variés.
L'étude de ces quelques thèmes révèle peu à peu aux enfants que l'homme a souvent une action dévastatrice sur le milieu naturel dans lequel il vit (pollution ; épuisement des ressources ; diminution de l'espace vital ; disparition d'espèces animales et végétales ; etc.).

Aussi apparaît-il indispensable de développer chez l'enfant une attitude écologique précoce, pour qu'il réinvestisse individuellement un certain acquis face à un problème qui lui sera présenté plus tard.
Tout en adoptant une démarche active, on va solliciter l'initiative et l'invention, sans apprentissage directif.
La progression, quant à elle, demeure du ressort de chaque maître.
Ce travail vise à l'épanouissement de la personnalité de l'enfant, à favoriser sa propre adaptation à la vie, tout en stimulant sa curiosité scientifique, en développant son potentiel et son autonomie intellectuels.
Nous désirons enfin que chacun puisse mettre en pratique une approche personnalisée, susceptible d'amener l'enfant à un respect et à une compréhension sensible du monde qui l'entoure.

Véronique GOT
Institutrice

Séquence 1

PRÉSENTATION ET OBSERVATION D'UNE ESPÈCE ANIMALE : LA SALAMANDRE

Une Unité Pédagogique	Des Activités Satellites
Titre : Présentation et observation d'une espèce animale : la salamandre **Nombre d'enfants :** le groupe-classe **Durée de la séquence :** environ 30 minutes **Période :** septembre-octobre	Pas d'AS, travail collectif

Une UP cognitive avec le maître

● Matériel :

Des salamandres de plusieurs tailles, ou toute autre espèce d'amphibiens ou de reptiles[1].
Exemples :
- tortue de Floride, chez les marchands d'animaux ;
- couleuvre jarretière, chez les marchands d'animaux ;
- anolis (petit iguane arboricole), chez les marchands d'animaux ;
- triton d'Espagne (pleurodèle), facultés de Sciences ;
- axolotl (salamandre du Mexique), facultés de Sciences ;
- bombina orientalis (crapaud asiatique à ventre orange), chez les marchands d'animaux ;
- nombreux lézards exotiques, à condition qu'ils ne soient pas inscrits en annexes 1 et 2 de la convention de Washington (accords internationaux sur le commerce et l'exportation des animaux).

À noter que plusieurs espèces sont maintenant protégées, et qu'il convient de faire la demande auprès du ministère de l'Environnement pour s'en procurer, et les garder en captivité.
Un magnétophone (éventuellement).

● Justification et motivation de l'UP :

Au cours d'une sortie en forêt, les maîtres peuvent chercher, sous des souches d'arbres, plusieurs espèces d'amphibiens, dont des salamandres tachetées.
À noter que l'emploi d'insecticides et d'herbicides, l'extension de l'industrialisation, de l'urbanisme tendent à réduire considérablement l'espèce, qui menace de disparaître.

Mal connus parce que difficiles à observer, parfois même persécutés, les amphibiens font peur aux adultes comme aux enfants.
Peut-être certains élèves ont-ils déjà aperçu une salamandre après une pluie ou sous une pierre, et ont-ils eu un réflexe de répulsion envers cet animal ?
Pour ces raisons, il est intéressant de faire découvrir la salamandre en classe.

● Objectifs :

- **Faire connaître** une espèce animale, inculquer le respect des animaux aux enfants.
- **Dédramatiser** l'approche des amphibiens en général.
- **Adopter** progressivement une démarche scientifique fondée sur l'observation, et agir pour la protection de la nature.

● Stratégie :

Il est bon de préciser que ce travail peut être effectué avec n'importe quelle espèce animale.
Le maître va apporter les animaux en classe (exemple : les salamandres)

- Inviter les enfants à s'exprimer sur ce qu'ils voient. Ils vont :
  - décrire les animaux ;
  - manifester des réactions.
- Noter chaque propos enfantin ou s'aider au besoin d'un magnétophone.
- Ne pas laisser les enfants manipuler librement les salamandres, car ces espèces sont fragiles et de plus, secrètent par la peau un mucus toxique, cependant sans danger pour l'enfant à condition qu'il se lave soigneusement les mains après la manipulation.

- Expliquer aux enfants d'où proviennent ces salamandres, leur donner toute précision concernant le nom, la survie de l'animal.

- Montrer comment tenir une salamandre, comment s'en saisir.

- Faire observer librement sans trop intervenir. Se contenter de répondre aux questions. On définit avec les enfants quelques règles, qui changeront en fonction de l'animal proposé :
- avant de toucher une salamandre, se mouiller les mains afin de ne pas enlever la couche de mucus qui protège sa peau ;
- ne pas garder trop longtemps l'animal dans la main, car il est très sensible aux hausses de température ;
- ne pas appuyer sur le ventre des salamandres en les prenant, mais les tenir plutôt dans le plat de la main, sans serrer ;
- ne pas porter les doigts à la bouche, et toujours se laver soigneusement les mains après toute manipulation.

● **Évaluation :**

Certains enfants ont peur et ne veulent pas toucher aux salamandres, ni même les regarder.
Le maître a ici un rôle précis à tenir.

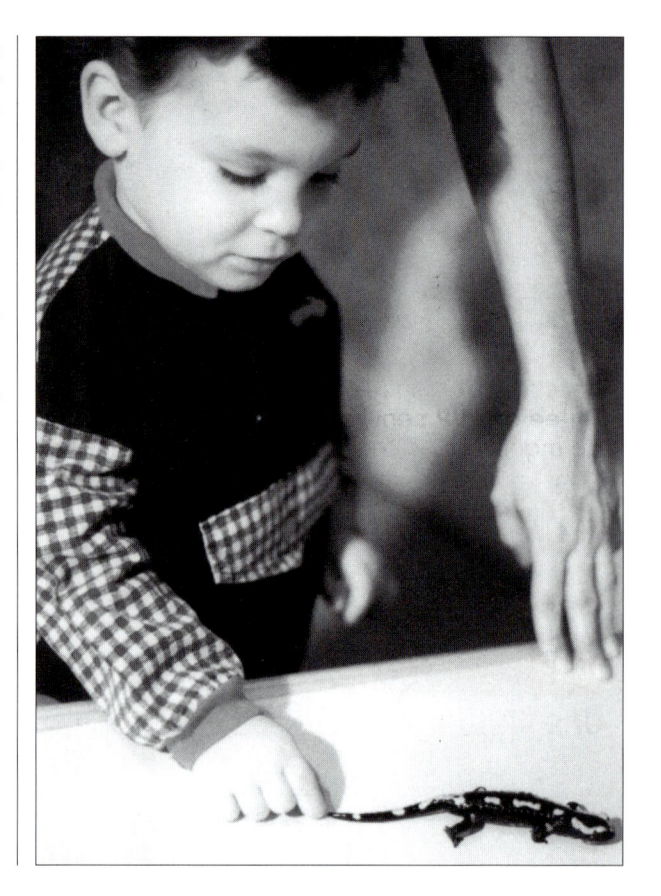

● **Prolongements :**

Plusieurs séances seront nécessaires (en petits groupes cette fois), afin de familiariser l'enfant à l'animal.
Il faut réussir à instaurer une sorte de rituel dans l'observation et la manipulation des animaux, ce qui va contribuer à mieux les faire connaître, apprécier et respecter.

Observations pour le maître :

1. J. Fretey, *Guide des reptiles et batraciens de France*, éd. Hatier.

Séquence 2

SUITE DE L'OBSERVATION ET DESSIN DES SALAMANDRES

Une Unité Pédagogique	Des Activités Satellites		
Titre : Suite de l'observation et dessin des salamandres	**AS 1**	**Titre :** Mathématiques **Nombre d'enfants :** 6	
Nombre d'enfants : 6 autour du maître	**AS 2**	**Titre :** Modelage **Nombre d'enfants :** 6	
Durée de l'UP : environ 45 minutes : 30 minutes de manipulation et d'observation et 15 minutes pour dessiner les salamandres	**AS 3**	**Titre :** Dessin-collage **Nombre d'enfants :** 6	
Reprises : 4 fois **Période :** octobre	**AS 4**	**Titre :** Jeux éducatifs **Nombre d'enfants :** 6	

Une UP cognitive avec le maître

● **Matériel :**

- plusieurs salamandres tachetées ou une autre espèce animale ;
- des feuilles de papier, des feutres, des craies d'art, des gommettes, des confettis à disposition des enfants sur une table.

● **Objectifs :**

● **Poursuivre** l'observation des salamandres et faire naître un intérêt croissant pour ces amphibiens.
● **Relever** toutes les données possibles sur le comportement de ces animaux.

● **Attirer** l'attention des enfants sur l'importance d'une protection sérieuse des amphibiens hors de la classe (dans leur biotope).
● **Soulever** le problème de la conservation d'une espèce en captivité.

● **Stratégie :**

● Observer les salamandres par petits groupes pour aider les enfants à mieux les détailler et à se familiariser avec elles.
Faire remarquer leur corps d'aspect boudiné, la couleur des taches ou des lignes sur la face dorsale.
Faire décrire :
- leur queue (courte et arrondie) ;
- la face ventrale (sombre et lisse) ;
- la peau (d'aspect brillant) ;
- les yeux ;
- les petits points sur les côtés de la tête (glandes parotoïdes).
● Suivre des yeux les animaux et noter leur moindre mouvement.
Attirer l'attention des enfants sur certains comportements apparents.
Exemple : les salamandres essayent de se cacher contre tout objet présent sur la table et parfois même cherchent à s'enfouir complètement pour se sentir en sécurité.
Faire analyser par les enfants les comportements observés, en posant quelques questions simples.

- Expliquer (selon les questions des enfants) comment respirent les salamandres, à quoi servent les glandes parotoïdes, etc.
Donner toute information utile concernant le milieu naturel, les attitudes défensives de ces animaux face aux ennemis éventuels (prédateurs, hommes).
Répondre aux nombreuses questions qui ne manqueront pas d'être posées.
- Chercher comment garder les salamandres en classe. Poser le problème aux enfants afin qu'ils soient amenés à dire qu'il faut « une maison » aux salamandres.

Quelques précisions utiles sur la salamandre :
Habitat : elle vit dans des endroits humides et boisés et se cache sous des souches d'arbres, des pierres ou des tapis de feuilles mortes.
Défenses naturelles : elle sécrète une substance cutanée nocive, qui irrite la bouche et les yeux des prédateurs (glandes parotoïdes). Les couleurs vives de ses taches découragent et ont un rôle d'avertissement.
Respiration : au stade larvaire, les jeunes salamandres respirent par des branchies externes. Au stade adulte, les branchies se résorbent et des poumons se développent.
Mue : régulièrement, la peau des salamandres est remplacée. Ce phénomène s'observe facilement car la peau rejetée est visible.

● Évaluation :

- Repérer de façon plus précise les enfants qui ont encore peur des animaux ou qui refusent de participer. Essayer de les rassurer en parlant avec eux, en leur faisant « dire » leur peur.

● Prolongements :

- Élaborer un habitat artificiel pour ces animaux, correspondant en partie à leurs besoins vitaux.
- Mettre en place un atelier de dessin d'observation dans lequel les consignes seront précises : dessiner la salamandre après avoir bien regardé sa tête, son corps, ses pattes, sa queue.

Des Activités Satellites

● AS1 : Mathématiques

Trier des images d'animaux selon leur aspect (plumes, poils, écailles, peau lisse, etc.).

● AS2 : Modelage

Représenter une salamandre avec de la pâte à modeler.

● AS3 : Dessin-collage

Dessiner une salamandre, puis chercher comment faire les taches jaunes. Mettre à la disposition des enfants des gommettes, des confettis, des feutres, des craies d'art...

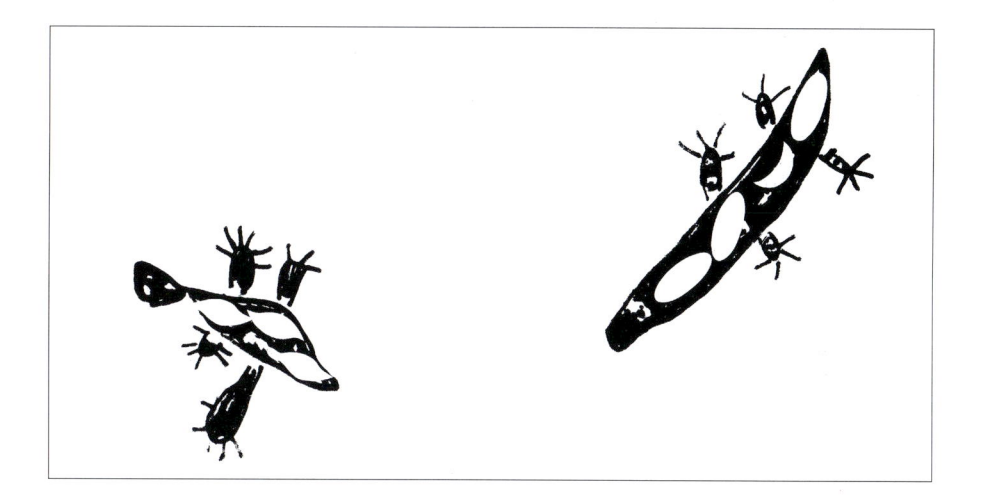

● AS4 : Jeux éducatifs

Proposer des puzzles.

Observations pour le maître :

Séquence 3

ÉLABORATION D'UN TERRARIUM

Une Unité Pédagogique		Des Activités Satellites
Titre : Élaboration d'un terrarium **Nombre d'enfants :** le groupe-classe pour la partie langage et un groupe de 6 enfants pour l'aménagement du terrarium **Durée de l'UP :** 45 minutes : 10 minutes de langage et 35 minutes pour aménager le terrarium **Reprises :** 2 à 3 fois **Période :** novembre	AS 1 AS 2 AS 3 AS 4	**Titre :** Dessin d'observation **Nombre d'enfants :** 6 **Titre :** Mathématiques **Nombre d'enfants :** 6 **Titre :** Découpage-collage **Nombre d'enfants :** 6 **Titre :** Jeux éducatifs **Nombre d'enfants :** 6

Une UP cognitive avec le maître

● Matériel :

- les salamandres ;
- un guide des amphibiens[1] ;
- un terrarium possédant quatre faces vitrées (en verre de 50 x 30 cm) ;
- un toit grillagé (à mailles fines en plastique ou en métal) ;
- du terreau riche en feuilles de hêtres, chênes ou châtaigniers mélangées à du sable ;
- quelques écorces d'arbres, des plaques de mousse, de vieilles souches, des lichens ;
- quelques plantes de type lierre ou fougère (scolopendres) ;
- un récipient contenant de l'eau de 2 à 5 cm de hauteur.

● Objectifs :

● **Favoriser** l'expression et la communication entre enfants : réinvestir ce qu'on a appris sur la vie de ces animaux.

● **Apprendre** à s'écouter, à faire des projets.
● **Sensibiliser** l'enfant au monde animal.
● **Faciliter** les contacts entre enfants et animaux.

● Stratégie :

● **Partie langage :**
Avec le groupe-classe, on va partir de la constatation précédemment exprimée : les salamandres ne peuvent pas rester sur une table. Il faut leur aménager un habitat, relativement proche de leur milieu naturel (biotope).

Le maître va construire auparavant ou bien acheter le terrarium, et le présenter aux enfants.
On va s'interroger ensuite sur la manière de recréer les bonnes conditions biologiques pour conserver au mieux ces espèces en captivité.
Recueillir toutes les informations nécessaires dans le guide des amphibiens.

● **Partie pratique** :
Un groupe de 6 enfants va :
- déposer le terreau au fond du terrarium ;
- planter les lierres, les fougères, les plaques de mousse ;
- disposer les écorces d'arbres, les vieilles souches ;
- enfoncer légèrement dans la terre, le récipient contenant l'eau ;
- lâcher les salamandres dans le terrarium.
On va placer le terrarium dans un endroit éclairé, pas très loin d'une fenêtre.
Cependant, ne pas le poser directement derrière la fenêtre, car les salamandres ne doivent pas être exposées à la lumière du soleil.
Ne pas oublier de placer le couvercle grillagé à la fin des manipulations, pour que les animaux ne puissent pas s'échapper.
- Faire laver les mains aux enfants.
- Penser à instaurer un rituel avec les enfants : leur demander de vaporiser tous les jours de l'eau sur toute la surface du terrarium, pour maintenir le degré hygrométrique utile aux animaux.
La séance peut se terminer par l'observation du comportement des salamandres déposées dans le terrarium.
Les enfants vont remarquer que :
- certaines se cachent immédiatement à leur vue ;
- d'autres se heurtent aux parois et cherchent à les remonter ;
- d'autres encore se déplacent et traversent le récipient d'eau, en quête de nourriture.

● **Évaluation :**

Observer les enfants. Noter leurs propos lorsqu'ils agissent ; leur permettre de verbaliser leurs questions et y répondre.

● **Prolongements [2] :**

- Amener les enfants à penser à la nourriture des salamandres.
- Se documenter sur ce sujet pour apporter ce qui est indispensable à ces animaux.

Des Activités Satellites

● AS1 : Dessin d'observation

Les enfants vont observer à nouveau les salamandres, puis les dessiner. Insister sur des petits détails (glandes parotoïdes, taches...). Proposer plusieurs outils (feutres fins, crayons, craies d'art, stylos...).

● AS2 : Mathématiques

Trier des images d'animaux en fonction de leurs milieux.
Exemples :
- Eau... poissons ; batraciens...
- Air... oiseaux ; insectes volants...
- Terre... mammifères ; reptiles ; insectes terrestres...

● AS3 : Décollage-Collage

Réaliser une salamandre par collage. Proposer plusieurs sortes de papiers (papier gommé, papier affiche, papier journal...).

● AS4 : Jeux éducatifs

Création de puzzles représentant les salamandres. Les enfants vont les réaliser, et le maître va les plastifier avec du Vénilia transparent, afin de les conserver.
Utiliser différents matériaux.

Observations pour le maître :

1. Donato Ballasina, *Guide des amphibiens d'Europe*, éd. Duculot.

2. - Visite du vivarium du Jardin des Plantes de Paris.
   - OPIE : B.P. n° 9, 78280 Guyancourt. Tél. : 30.44.13.43

Séquence 4

LA NUTRITION DES SALAMANDRES

Une Unité Pédagogique	Des Activités Satellites		
Titre : La nutrition des salamandres **Nombre d'enfants :** 4 à 6 **Durée de l'UP :** 10 minutes de recherche d'informations concernant la nutrition des salamandres et 20 à 30 minutes pour nourrir les animaux **Reprises :** 4 à 5 fois (sur plusieurs jours) **Période :** novembre	AS 1	**Titre :** Graphisme **Nombre d'enfants :** 10	
	AS 2	**Titre :** Mathématiques **Nombre d'enfants :** 8	
	AS 3	**Titre :** Bricolage **Nombre d'enfants :** 6	

Une UP cognitive avec le maître

● Matériel :

- les salamandres dans leur terrarium ;
- plusieurs guides des amphibiens, utiles pour trouver de la documentation sur la nutrition de cette espèce.
- une pince à épiler pour saisir la nourriture ;
- des récipients (type pots en verre) contenant des vers de farine, des vers de terre de petite taille (conservés dans un peu de terre humide) et des petits insectes.

● Objectifs :

- **Approfondir** la connaissance scientifique d'une espèce ;
- **Apprendre** à soigner des animaux ;
- **Observer** de nouveaux comportements animaliers, et en tirer des conclusions.

● Stratégie :

● Partir des remarques précédemment relevées.
Conduire les enfants à se pencher sur la nutrition des salamandres.
On va se heurter ici à un problème : ces animaux sont essentiellement carnivores. On ne peut donc pas les nourrir avec n'importe quoi.

● **Recherche** :
Prendre le temps de regarder dans un guide, et de se documenter pour savoir de quoi se nourrissent les salamandres (on découvre qu'il faut leur donner des vers, des insectes...)[1].

● **Partie pratique** :
Il importe que chaque enfant soit, tour à tour, acteur ou observateur.

Les enfants vont :
- trier la nourriture et la répartir dans des pots en verre prévus à cet effet ;
- prendre un ver ou un insecte avec la pince à épiler et le déposer devant une salamandre ;
- observer les comportements des animaux, en déduire d'autres (exemple : la salamandre secoue sa tête pour essayer d'avaler un ver qui est trop grand pour elle).

- On peut varier la nourriture en proposant de nombreux insectes (moucherons, moustiques) ainsi que des limaces, des araignées, des vers et des larves de toutes sortes.

Demander aux enfants d'en apporter pour relancer l'intérêt jour après jour.

● Évaluation :

Demander à chaque groupe de faire part aux autres des découvertes qu'il a faites en matière de nutrition des salamandres.

Analyser la manière dont chaque enfant va répondre à cette sollicitation.

● Prolongements :

On pourra :
- projeter un film ou des diapositives montrant l'animal évoluant dans son milieu naturel.
Film vidéo : *Les Amphibiens de France* [2].
Diapositives : à confectionner soi-même ou à se procurer auprès de M. Brun (zoorama de Chize) [3] ;

- **Affiches :** faire parler les enfants à propos d'une affiche ou d'un poster [4].
- prendre des photographies de l'animal en situation dans le terrarium.

Des Activités Satellites

● AS1 : Graphisme

Faire une tache ou plusieurs à l'encre. Essayer de transformer la forme proposée par le dessin. Proposer plusieurs outils : feutres fins, stylos à billes de plusieurs couleurs, crayons noirs.

● AS2 : Mathématiques

Proposer des perles de différentes formes et couleurs. Faire un collier en respectant un algorithme. Le reproduire ensuite sur une feuille en dessinant le collier obtenu.

● AS3 : Bricolage

Fabriquer une salamandre (ou l'animal choisi) en volume.
Les enfants vont chercher dans le coin-bricolage toute sorte de choses : papiers, cartons, laines, rouleaux de papier WC, boîtes à œufs, boutons, ficelle, tissus, etc.
Chacun va réaliser son bricolage comme il l'entend.

Observations pour le maître :

1. R. Guyétant, « Les amphibiens de France », *Revue française d'aquariologie-herpétologie*.
2. Film vidéo : *Les Amphibiens de France*, à louer ou à acheter auprès de M. Coatmeur, 4, rue Georges Bizet, 92700 Colombes.
3. Diapositives : auprès de M. Brun, Zoorama de Chize, Villiers en Bois 79360, Beauvoir sur Niort.
4. Affiches : 57 rue Cuvier, 75231 Paris Cedex 05.

Séquence 5

LA REPRODUCTION DES SALAMANDRES : LA NAISSANCE ; LA MÉTAMORPHOSE

Une Unité Pédagogique		Des Activités Satellites
Titre : La reproduction des salamandres : la naissance ; la métamorphose	AS 1	**Titre :** Graphisme **Nombre d'enfants :** 8
Nombre d'enfants : 4 autour du terrarium (pas plus)	AS 2	**Titre :** Coloriage **Nombre d'enfants :** 6
Durée de l'UP : plusieurs phases d'environ 10 minutes, soit 30 à 40 minutes par jour	AS 3	**Titre :** Mathématiques et collage **Nombre d'enfants :** 6
Reprises : 1 à 2 fois le même jour ; 4 à 6 fois sur plusieurs jours, voire plusieurs semaines	AS 4	**Titre :** Jeux **Nombre d'enfants :** 6
Période : au printemps		

Une UP cognitive avec le maître

● **Matériel :**

- les salamandres dans leur terrarium ;
- un bac à eau ou un couvercle transparent (de boîte de chocolats par exemple) de 3 à 4 cm d'épaisseur ;
- quelques pierres plates.
- documents spécialisés[1].

● **Objectifs :**

● **Parfaire** l'observation d'une espèce animale.
● **Répondre** aux questions sur la vie que se posent naturellement les enfants.
● **Aborder** une science expérimentale.

● **Stratégie :**

Au printemps, une des salamandres femelles de notre élevage est sur le point de pondre. Elle va rechercher de l'eau pour y déposer ses larves.
C'est une occasion unique d'étudier un nouveau comportement qui va soulever beaucoup de questions chez l'enfant.
● **Recherche :**
Utiliser le guide qui peut fournir de précieuses indications quant à la reproduction et à la métamorphose des salamandres. Le maître, par la lecture, va apporter aux enfants les informations nécessaires. Ils vont apprendre par ce biais que ces animaux retournent le plus souvent vers le milieu aquatique durant cette période.
● **Partie pratique :**
Les enfants vont :
- installer un plan d'eau légèrement incliné à l'aide d'un couvercle de boîte de chocolats en plastique de 3 à 4 cm d'épaisseur ;

- observer la femelle déposer ses œufs dans l'eau ;
- immerger quelques pierres plates et laisser sortir de l'eau une partie visible, qui va se prolonger sur la terre du terrarium, afin que la femelle et les jeunes puissent remonter de l'eau vers la terre ferme, sans risque de noyade ;

regarder les larves crever l'enveloppe qui les entoure, puis nager dans l'eau ;
- observer jour après jour la métamorphose des jeunes salamandres, qui vont passer de l'état larvaire aquatique à la vie adulte sur terre ;
- les nourrir avec des œufs de poisson, des vers aquatiques.

● Évaluation :

Collectivement, on va faire le bilan de cette dernière étape.
A-t-on atteint les objectifs qu'on s'était fixés ?
A-t-on réussi à donner aux enfants le goût et les moyens d'approcher d'autres espèces animales ?

À partir de ces discussions avec le groupe-classe, on envisagera éventuellement l'observation d'un nouvel animal.

● Prolongements :

● **Attendre** la phase finale de la métamorphose des jeunes salamandres, puis les relâcher dans leur milieu naturel ou dans le terrarium.
● **Créer** un recueil de dessins, en se servant à la fois de l'écrit et de symboles picturaux, afin de conserver des données sur les salamandres.

● **Choisir** une autre espèce animale, et faire des comparaisons avec celle précédemment étudiée.
● **Initier** l'enfant à la chaîne alimentaire, aux cycles de développement (exemple : la graine —> la germination —> la plante...).

Des Activités Satellites

● AS1 : Graphisme

Créer un code (sur bandes de papier), pour garder en classe des informations sur les salamandres.
Plus tard, le maître mettra à la disposition des enfants un panneau récapitulatif des légendes des symboles trouvés.

● AS2 : Coloriage

Proposer aux enfants de colorier des photocopies de salamandres, représentant les 3 phases de vie :
- jeune larve ;
- jeune salamandre métamorphosée ;
- salamandre adulte.

● AS3 : Mathématiques et collage

Offrir aux enfants des planches d'amphibiens différents. Leur donner pour consigne de retrouver les salamandres parmi les autres animaux.
Effectuer un tri, puis découper et coller sur une feuille.

● AS4 : Jeux

Proposer des jeux d'encastrements.

Observations pour le maître :

1. - Bulletins n° 13 et 18 de la société herpétologique de France (SHF) de M. Breuil.
   (en vente à la librairie SHF : 25 rue Cuvier, 75005 Paris).

Séquence 6

DÉCOUVRONS LE PRINTEMPS ET FAISONS DES PLANTATIONS

Une Unité Pédagogique		Des Activités Satellites
Titre : Découvrons le printemps et faisons des plantations	**AS 1**	**Titre :** Graphisme **Nombre d'enfants :** 6
Nombre d'enfants : 6 à 8	**AS 2**	**Titre :** Mathématiques **Nombre d'enfants :** 6
Durée de l'UP : 30 à 40 minutes		
Reprises : 4 fois pour que chaque enfant participe	**AS 3**	**Titre :** Découpage-collage **Nombre d'enfants :** 6
Période : au printemps (mars, avril)	**AS 4**	**Titre :** Jeux éducatifs **Nombre d'enfants :** 6

Une UP cognitive avec le maître

● **Matériel :**

- des matières diverses : du coton, du sable, du papier, des cailloux…
- un sac de terreau ;
- des pots de fleurs vides, des jardinières ;
- un ou plusieurs arrosoirs remplis d'eau ;
- des petites cuillères ;
- plusieurs sortes de graines (lentilles, haricots…) ;
- des étiquettes adhésives ;
- des cartes (en bristol léger) et des feutres fins ;
- du plastique transparent.

● **Objectifs :**

● **Développer** le sens de l'observation chez l'enfant.
● **S'approcher** de la nature.
● **Acquérir** une précision des gestes, liée à un nouveau vocabulaire : celui de la plantation.

● **Initier** l'enfant aux cycles de développement (la graine —> la germination —> la pousse —> la plante —> la mort) à travers une activité qui requiert attention et patience.

● **Stratégie :**

Une observation des arbres et des plantes de la cour va conduire les enfants à remarquer le changement qui commence à s'opérer dans la nature.
Les enfants vont être amenés à :

● **regarder :**
- les bourgeons qui éclatent,
- les feuilles de couleur vert tendre qui naissent,
- les fleurs qui éclosent ;

- **observer** les différentes sortes de graines (lentilles, haricots, nèfles, pois, blé, capucines, etc.) apportées par le maître pour semer ;
- **lire** ce qui est écrit sur les paquets de graines ;
- **faire des comparaisons** sur la grosseur, la forme, la couleur des graines ;
- **remplir** un pot de terre, de sable, de coton ou de papier, ou encore de cailloux ;
- **creuser**, si besoin, des trous avec une petite cuillère et semer les graines une par une ;
- **recouvrir** ensuite délicatement de terreau ;
- **arroser** la terre ou les autres matériaux retenus ;
- **inscrire** son signe ou son prénom sur une étiquette auto-collante, et l'appliquer sur son pot personnel ;
- **dessiner** sur les cartes prévues à cet effet les différentes graines qu'on a utilisées pour les semis. Inscrire le nom des graines au-dessous des dessins. Plastifier les cartes avec du plastique transparent adhésif, afin de protéger dessins et écriture ;
- **planter** ces cartes dans les pots.

● Évaluation :

- **Observer** ce qui va se passer : certaines graines germent, d'autres non. D'autres encore donnent une plante qui va jaunir, se faner.
- **Amener** l'enfant à prendre conscience que pour qu'une graine germe, il faut que plusieurs conditions soient réunies.
- **Interpréter** les résultats, et faire comprendre à l'enfant qu'après la germination, des éléments sont nécessaires pour que la plante croisse et se développe.

● Prolongements :

- **Proposer** d'autres séances où on va planter toutes sortes de pépins, de noyaux apportés par les enfants dans plusieurs terres différentes (pépins de citron, d'orange, noyaux de cerise, de mangue, lychees, avocats, etc.).
- **Prévoir** une visite au parc floral de sa ville, à la campagne, dans une serre, ou chez un fleuriste, pour voir d'autres fleurs, plantes et graines.
- **Apporter** et exploiter en classe un livre de jardinage et des catalogues de plantes[1].

Des Activités Satellites

● AS1 : Graphisme

À partir d'une graine collée au centre d'une feuille.
Consigne : décorer autour de la graine.

● AS2 : Mathématiques

Trier les différentes graines apportées en classe, mélangées intentionnellement par le maître.
Les déposer dans des boîtes prévues pour le rangement.

● **AS3 : Découpage - collage**

Découper dans des catalogues spécialisés des images de plantes, de fleurs.
Réaliser un collage sur carteline en se donnant un critère : on colle des fleurs, des légumes, des arbres.

● **AS4 : Jeux**

Jouer avec un loto des fleurs, des plantes ou des graines qu'on pourra soit :
- trouver dans le commerce ;
- fabriquer soi-même, à l'aide de photographies ou d'images découpées dans des catalogues.

Observations pour le maître :

1. - *Bibliothèque de travail*, n° 140 « Le printemps chez nous ».
   - *Une graine germe*, éd. A. de Boeck, Bruxelles.
   - *La Vie des plantes*, collection Tavernier, éd. Bordas.

Séquence 7

JOUONS AVEC LA NEIGE

Une Unité Pédagogique	Des Activités Satellites	
Titre : Jouons avec la neige **Nombre d'enfants :** 6 environ **Durée de l'UP :** 45 minutes à 60 minutes **Reprises :** 5 fois **Période :** décembre-janvier, lorsqu'il neige	**AS 1** **AS 2** **AS 3** **AS 4**	**Titre :** Graphisme **Nombre d'enfants :** 6 **Titre :** Découpage-collage **Nombre d'enfants :** 6 **Titre :** Mathématiques **Nombre d'enfants :** 6 **Titre :** Jeux **Nombre d'enfants :** 6

Une UP cognitive avec le maître

● Matériel :

- une cuvette ou tout autre récipient pour ramasser de la neige ;
- une source de chaleur (radiateur, plaque chauffante...).

● Objectifs :

- **Développer** le sens de l'observation.
- **Expérimenter** un élément peu connu : la neige.
- **Aborder** la notion de transformation de la matière.
- **Apprendre** à l'enfant à regarder et à comparer un paysage.
- **Susciter** chez l'enfant une émotion poétique ou esthétique[1].

● Stratégie :

On va profiter d'une journée où le bulletin météorologique annonce une chute de neige.
Les enfants vont :
- **Regarder** dans un premier temps, par la fenêtre, les flocons qui tombent, tourbillonnent, s'amassent par terre.
- **Observer** dans la cour, la neige qui va s'accumuler sur le sol.
Ils vont ensuite marcher sur la neige blanche, et découvrir la trace des pas qui s'y impriment.
- **Écouter** les bruits du dehors devenus sourds, étouffés.
- **Attraper** des flocons de neige. Les goûter. Les regarder se déposer sur les vêtements. Noter leur différente taille, leur forme pour pouvoir les représenter.
- **Expérimenter :** ramasser de la neige dans un récipient et la rapporter en classe. Remarquer que la neige va fondre et se transformer peu à peu en eau, si on la place sur le radiateur ou même si on la garde dans la classe.
- **Dessiner** les flocons de neige en blanc sur papier noir (craies blanches ; craies d'art ; pastel...).
- **Jouer** dans la neige, ce qui prolongera la joie des enfants. C'est en outre, une source d'observations très riche.

● **Évaluation :**

Le langage permettra de faire exprimer les enfants en petits groupes, chacun disant ce qu'il a fait et ce qu'il a vu ou ressenti.
- Vérifier l'emploi judicieux des temps et du vocabulaire.
- Relever les imprécisions, les difficultés langagières, afin de mieux les corriger en redisant bien ce qui a été exprimé de manière approximative.

● **Prolongements :**

On pourra :
- Apprendre à se servir d'un thermomètre et à noter les variations du mercure quand on va le déplacer dedans, dehors.
- Comparer la fusion de la neige à celle de la glace (fabriquer de la glace à partir de l'eau et inversement la laisser fondre sur une source de chaleur ou tout simplement à l'intérieur. Reprendre la même expérience avec de la neige. Noter les différences portant sur la durée des deux fusions, sur la quantité d'eau obtenue dans les deux cas...).
- Travailler en graphisme et en langage à partir de photographies représentant des empreintes de pas (humains ; animaux) dans la neige ; le sable ; faites à la peinture...
- Créer une poésie après lecture de poèmes, afin de stimuler la sensibilité et l'imagination.

Des Activités Satellites

● **AS1 : Graphisme**

Dessiner et décorer les cristaux formés par les flocons de neige qui se sont amassés autour des fenêtres de la classe.
Donner beaucoup d'outils (feutres fins, craies d'art, fusains, encres, Coton-tige, crayons noirs, plumes...).

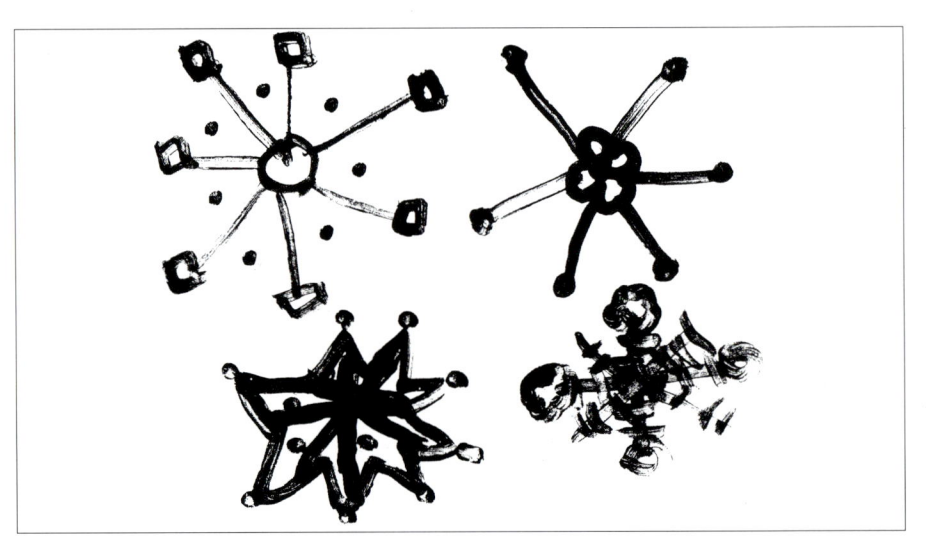

● AS2 : Découpage-collage

Représenter ces mêmes cristaux. Proposer plusieurs matériaux (papiers divers : papier de soie, papier brillant, papier gommé, Canson blanc, noir, etc.).

● AS3 : Mathématiques

Proposer un exercice de tri portant sur les vêtements. Mettre d'un côté des images représentant des habits que l'on porte l'hiver, de l'autre des images montrant des habits d'été.

● AS4 : Jeux

Donner des images séquentielles portant sur les saisons, à remettre dans le bon ordre chronologique.

Observations pour le maître :

1. - *Les animaux en hiver*. Radiovision n° 63, Centre national de documentation pédagogique, (C.N.D.P.), 29, rue d'Ulm, 75230 Paris Cedex 05, tél. : 46.34.90.00.
   - Pierre Kohler, *La météo, le temps, les saisons*, éd. Nathan.
   - *Bibliothèque de travail*, n° 80, « Il pleut, il neige ».

Séquence 8

L'EAU

Une Unité Pédagogique		Des Activités Satellites	
Titre : L'eau **Nombre d'enfants :** 8 à 10 **Durée de l'UP :** 30 à 40 minutes **Reprises :** 1 à 2 fois **Période :** avril-mai		**AS 1** **AS 2** **AS 3**	**Titre :** Graphisme **Nombre d'enfants :** 6 environ **Titre :** Découpage-collage **Nombre d'enfants :** 6 **Titre :** Mathématiques **Nombre d'enfants :** 8 à 10

Une UP cognitive avec le maître

● Matériel :

- des documents photographiques publicitaires sur l'eau ;
- des verres, des eaux différentes en goût (salée, plate, gazeuse, citronnée...) ;
- une casserole, une plaque chauffante ;
- un réfrigérateur avec compartiment de congélation ;
- un livre qui permet d'expliquer aux enfants le cycle de l'eau. Exemple : *Perlette, goutte d'eau*, album du père Castor chez Flammarion.
- documents spécialisés[1].

● Objectifs :

● **Expérimenter** et approcher la notion de changement d'état physique de la matière.
● **Sensibiliser** l'enfant au respect de l'environnement.

● Stratégie :

Chaque jour, l'enfant est confronté à l'élément eau. Il l'utilise pour boire, se laver. Il voit ses parents la faire couler du robinet pour laver le linge et la vaisselle, arroser les plantes, etc.
À partir de ce vécu quotidien, on va tenter :
- de définir les différents rôles de l'eau ;
- d'expérimenter, afin de découvrir les transformations de cet élément.
On va commencer par :
● Collecter de nombreuses publicités sur l'eau (Vittel, Volvic, Évian, Contrex...). Les présenter aux enfants et essayer de définir leurs différences, leurs qualités, leurs spécificités.

● Commenter les documents photographiques publicitaires. Les enfants vont chercher toutes les situations du vécu où on se sert de l'eau :
prendre un bain ; faire la lessive, la vaisselle, faire du bateau, du ski nautique ; boire ; arroser les plantes ; préparer à manger, etc.
● Expliquer aux enfants le cycle de l'eau en s'appuyant sur un livre du genre : *Perlette, goutte d'eau*.
● Parler des précipitations et de ce que deviennent les gouttes de pluie ou les flocons de neige :
- ruissellement qui alimente torrents, fleuves, lacs et océans et dont on se sert pour les cultures et usines ;
- infiltrations qui réalimentent les nappes souterraines.

- Aborder la notion d'évaporation (qu'on va expérimenter ensuite en classe); de formation des nuages et ainsi de suite...
- **Première expérience :**
mettre à la disposition des enfants plusieurs verres remplis d'eaux différentes. Ils vont goûter et faire des comparaisons qu'ils essaieront d'exprimer.
- **Deuxième expérience :**
on va observer ce qui se passe quand on met une casserole d'eau sur le feu :

- la baisse du niveau d'eau : l'eau s'évapore ;
- les bulles qui apparaissent : l'eau bout ;
- la vapeur qui s'échappe.
- **Troisième expérience :**
fabriquer de la glace. Placer un récipient (genre fond de bouteille en plastique) rempli d'eau dans le congélateur du réfrigérateur.
Au bout de quelques temps, on va constater que l'eau s'est transformée en glace. On va dire pourquoi et évoquer la séquence sur la neige en réinvestissant ce qu'on aura retenu.

● Évaluation :

À travers toutes ces expérimentations, a-t-on réussi à faire prendre conscience à l'enfant de la nécessité vitale de l'élément - eau ?

Les enfants ont-ils découvert certaines propriétés de l'eau, ou a-t-il fallu leur apporter des solutions ?
- Relater les expérimentations aux autres groupes ; comparer les résultats obtenus.

● Prolongements :

- Étudier un milieu aquatique lors d'une sortie (exemple : une mare, un étang...).
- Noter la faune présente. Observer la flore. Effectuer un ou plusieurs prélèvements qu'on analysera en classe. Prendre des photographies qu'on va exploiter plus tard.

- Apprendre à se servir d'un baromètre ; noter les variations climatiques qu'on peut enregistrer ; comparer avec l'observation du ciel.
- S'intéresser à la météo qu'on voit le soir à la télévision.

Des Activités Satellites

● AS1 : Graphisme

Proposer aux enfants de travailler sur les ondulations de l'eau. Mettre à leur disposition plusieurs outils : feutres fins, gros feutres, encres et Coton-tige, fusains, crayons noirs, stylos à bille, peintures liquides, peintures transparentes...

● AS2 : Découpage-collage

Donner des papiers de soie et de crépon de couleurs bleu et vert. Réaliser un collage avec ces tons « froids », rappelant ceux de l'eau.

● AS3 : Mathématiques

Trier des images de produits alimentaires. Mettre de côté les photographies des choses qui se boivent (exemples : bouteilles d'eau, de vin, de jus de fruits, de lait, café, chocolat, bière, thé, etc.).

● ●

Observations pour le maître :

● ●

1. - Service technique des eaux de la ville de Paris. Tél. : 43.20.14.40.
   - *L'eau, source de vie* et *Le milieu aquatique*, les ateliers d'éveil, éd. M.D.I.
   - *Courrier de l'Unesco*, janvier 1985.
   - « Merveille de l'eau ». *Documents pédagogiques Évian*, à commander auprès du Service consommateurs, B.P. 87, 74503 Évian-les-Bains Cedex.
2. - Cité des Sciences et de l'Industrie, parc de la Villette, Paris. Voir l'Exposition permanente « Le Cycle de l'eau » (bâtiment Explora).

Séquence 9

UTILISONS LA TERRE

Une Unité Pédagogique		Des Activités Satellites	
Titre : Utilisons la terre **Nombre d'enfants :** une dizaine **Durée de l'UP :** 30 minutes **Reprises :** 2 à 3 fois **Période :** avril		**AS 1** **AS 2** **AS 3**	**Titre :** Graphisme **Nombre d'enfants :** 6 **Titre :** Modelage **Nombre d'enfants :** 6 à 8 **Titre :** Collage **Nombre d'enfants :** 6

Une UP cognitive avec le maître

● Matériel :

- différentes sortes de terres (terreau, sable, argile, terre de bruyère, tourbe...) ;
- un guide des fleurs ou un magazine spécialisé[1]
- des pots de fleurs ;
- plusieurs paquets de graines de fleurs (pois de senteur, capucines, soucis, myosotis, violettes...) ou des plants de bruyère, etc.

● Objectifs :

● **Apprendre** à observer avec finesse.
● **Rechercher** des mots de vocabulaire spécifiques de la terre.

● **Apprendre** à respecter, à aimer la nature.
● **Découvrir** les particularités des terres en éduquant les sens (odorat ; vue ; toucher).

● Stratégie :

On va présenter aux enfants des petites poignées de terres différentes, apportées par le maître, et étalées sur une grande feuille de Canson blanc.
Les enfants vont :
● **Observer** la composition de ces terres. Certaines sont humides, noires, pleines de particules végétales (feuilles, bois...) comme le terreau. D'autres, au contraire, sont plutôt sèches, remplies de petits grains durs (silice) comme le sable. Noter les ressemblances éventuelles et chercher les différences entre ces sortes de terre.
● **Toucher** les différentes terres avec les doigts.

Les mettre dans des pots. Les mouiller avec un arrosoir, et voir ce qui se passe.
Décrire les différents aspects des terres mouillées (texture, couleur...)
Rechercher des mots spécifiques ayant trait à la terre.
Exemples :
- *sableuse, rocailleuse, poussiéreuse, rugueuse...* en ce qui concerne son aspect ;
- *tourbe, terreau, humus, boue, argile, terre de bruyère, craie, sable, pierre...* pour ce qui est des noms de ces terres.
Noter quelles sortes de terres les enfants connaissent, et les mots qui leur sont inconnus.

● **Planter** dans ces terres différentes ce qui convient, en réinvestissant les découvertes précédemment acquises (fiche sur la germination).
Il faut arriver à montrer aux enfants qu'on ne plante pas n'importe quoi dans n'importe quelle terre.
- Proposer des graines ou des petits plants. Lire les indications sur les paquets de graines pour savoir quel type de terre est nécessaire à la bonne croissance de telle fleur.
- Rechercher dans un guide des fleurs ou dans un magazine spécialisé comment planter nos plantules, et dans quelle terre.

● Évaluation :

● Les enfants ont perçu qu'il existait différentes sortes de terres et qu'elles n'avaient pas toutes la même fonction.

Ont-ils réinvesti leur savoir, acquis lors d'une UP précédente, lorsque nous avions utilisé le terreau pour faire germer les graines ?

● Prolongements :

● Organiser une sortie en forêt. Observer le sol de ce milieu naturel. On pourra toucher, sentir la terre. On pourra trouver des fourmis ou d'autres insectes qui courent à la surface.
On va creuser et découvrir : des vers de terre, des brindilles, des feuilles enfouies (humus), des racines...
- Remarquer les plantes (fougères, ronces) qui poussent dans la terre, les champignons...
- Prélever une poignée de cette terre afin de mieux la comparer aux autres de la classe.
● S'adresser à l'Union française des géologues[2], afin d'obtenir des échantillons de minéraux. Préparer un travail sur les différentes roches de la terre, sur les paysages qu'on peut rencontrer sur notre globe.

● Proposer un travail sur les volcans. Rechercher des informations, des documents. En fabriquer un en chocolat.
● Exploiter des images publicitaires :
- publicité sur les vins Moillard ;
- publicité sur les tennis Florence Arthaud (empreintes de pas dans le sable).
Décrire ce qu'on peut voir.
Lire ce qui est écrit.
Évoquer selon sa sensibilité, ce que l'image présentée évoque pour soi-même. Dans le cas de la publicité de Florence Arthaud, créer à notre tour des empreintes avec, par exemple, de la peinture.

Des Activités Satellites

● AS1 : Graphisme

Décorer à partir d'un élément végétal avec des outils différents. Se servir de feuilles, de cailloux, de brindilles, de graines, etc. (voir photo page suivante).

● AS2 : Modelage

Proposer aux enfants de réaliser des modelages avec des argiles différentes : blanche, jaune, rouge.

● **AS3 : Collage**

Mettre à la disposition des enfants des petits cailloux trouvés sur le sol (bord de mer, terre...). Réaliser des tableaux en collage.

Observations pour le maître :

1. - *Textes et documents* : n° 138 : « La Terre ». En vente à l'I.N.R.D.P., 29, rue d'Ulm 75230 Paris Cedex 05.
2. - Union française des géologues, 79, rue Claude Bernard, 75005 Paris, tél. : 47.07.91.95.
   - Planétarium au Palais de la découverte de Paris.

Séquence 10

L'AIR

Une Unité Pédagogique	Des Activités Satellites	
Titre : L'air **Nombre d'enfants :** la classe entière dans la cour. Un groupe de 6 à 8 en classe. **Durée de l'UP :** 30 à 40 minutes **Reprises :** 1 à 2 fois **Période :** février-mars	**AS 1**	**Titre :** Graphisme **Nombre d'enfants :** 6 à 8
	AS 2	**Titre :** Découpage-collage **Nombre d'enfants :** 6 à 8
	AS 3	**Titre :** Pliage **Nombre d'enfants :** 6 à 8

Une UP cognitive avec le maître

● **Matériel :**

- des ballons de baudruche gonflés ou non ;
- une autorisation éventuelle de la préfecture de Police permettant le lâcher des ballons ;
- une bougie ;
- une chambre à air.

● **Objectifs :**

● **Observer**, ressentir corporellement ce qu'est le vent.
● **Réaliser** des expériences sur la combustion et la compression de l'air[1].

● **Stratégie :**

On va choisir un jour de grand vent et descendre dans la cour.
Les enfants vont :
● Observer :
- les arbres secoués par le vent ;
- les branches courbées du même côté qui s'entrechoquent ;
- les nuages qui filent à toute vitesse dans le ciel. Le vent les pousse, les déforme.
● Sentir :
Le vent qui soulève et emmêle les cheveux, s'engouffre dans les manteaux.
On le sent également sur le visage, qu'il rafraîchit.

Si on se mouille un doigt, on sent le froid du vent dans la main. On peut ainsi déterminer la direction du vent.
● Gonfler chacun son ballon. Attacher l'extrémité en faisant un nœud.
Pour les enfants qui n'y arrivent pas, proposer des ballons déjà gonflés.
Lâcher les ballons et observer quelles directions ils prennent.
● De retour en classe, on va réaliser avec un petit groupe des expériences sur la combustion et la compression de l'air.

Première expérimentation :
On va mettre une bougie allumée sous un récipient en verre (genre bocal).
Observer ce qui va se passer : au bout d'un moment, la bougie s'éteint.
Faire admettre aux enfants que l'air (oxygène) est nécessaire pour que la flamme continue de brûler.
Deuxième expérimentation :
Gonfler un ballon ou une chambre à air, puis les crever.

On va constater que l'air s'échappe par le trou qu'on a pratiqué (on entend un sifflement ; on sent l'air si on approche la main).
Tirer les conclusions qui s'imposent.
- Dessiner les ballons qui s'envolent dans le ciel. Proposer plusieurs outils et plusieurs supports pour obtenir des effets différents (par exemple, outils, feutres fins, fusains, craie d'art, encres... supports : Canson blanc, Ingres, kraft...).

● Évaluation :

- Repérer les difficultés rencontrées. A-t-on réussi à aborder des notions précises sur la combustion, la compression de l'air ?

- Réfléchir afin de proposer par la suite d'autres situations similaires lors des reprises de l'UP.

● Prolongements :

- Faire des bulles de savon. Donner aux enfants du savon de Marseille, du produit à vaisselle, du fil de fer, des chalumeaux.
Préparer l'eau savonneuse en faisant différents mélanges. Faire plusieurs essais avant de trouver le mélange qui convient le mieux.
Confectionner des anneaux avec le fil de fer, de toutes les dimensions.
Apprendre à souffler au centre de l'anneau pour réaliser de belles bulles.
Observer ce qui va se passer lorsqu'elles sont lâchées dans l'air.

- Travailler spécifiquement la respiration lors de séances d'éducation physique. Proposer de nombreux exercices de respirations diverses.
Exemples :
- Respiration abdominale : creuser le bas du ventre à l'expiration, puis le libérer à l'inspiration en laissant le ventre se gonfler d'air.
- Respiration thoracique : monter le plus haut possible la poitrine, et relâcher.
- Respirer par la bouche, par le nez, en faisant du bruit.
- Travailler le soupir, etc.

Des Activités Satellites

● AS1 : Graphisme

Proposer aux enfants de décorer autour d'un centre d'intérêt : une plume colorée.
Mettre à leur disposition des feutres fins.

● AS2 : Découpage-collage

Donner aux enfants des tissus variés très légers, afin de réaliser des collages (exemples : tarlatane, dentelle, tulle, mousseline, soie, etc.).

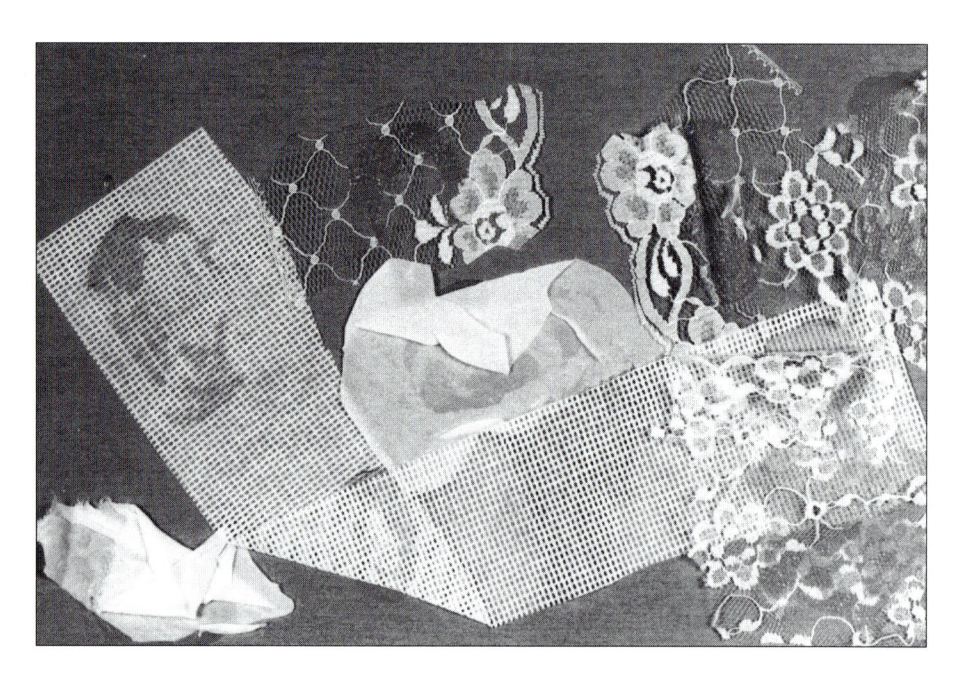

● AS3 : Pliage

Proposer des pliages différents à réaliser dans des feuilles de Canson de plusieurs couleurs.
● Les flèches : prendre un rectangle de papier. Plier en deux dans le sens de la longueur. Rabattre deux des coins sur la pliure.
● Les éventails : plier en accordéon un rectangle de papier. Replier en deux l'éventail obtenu. Le fixer sur une baguette si on le désire.
● Les moulins : plier un carré de papier dans le sens des diagonales. Bien faire coïncider les sommets opposés. Découper selon les plis jusqu'à 1 cm du centre. Rassembler les pointes et les fixer par une épingle ou une punaise sur un bout de carton fort. Les moulins tournent ainsi dans le vent, si on prend soin d'ajouter un bout de bois pour les tenir.

- -

Observations pour le maître :

- -

1. - Livre de María Rius et J.-M. Parramón, *La Terre, Le Feu, l'Air et l'Eau*, éd. Bordas, collection « la Bibliothèque des tout-petits ».

Séquence 11

VIVONS LE FEU

Une Unité Pédagogique		Des Activités Satellites	
Titre : Vivons le feu **Nombre d'enfants** : le groupe-classe, puis un groupe de 6 **Durée de l'UP** : 20 à 30 minutes **Reprises** : 1 à 2 fois **Période** : décembre	AS 1 AS 2 AS 3	**Titre** : Graphisme **Nombre d'enfants** : 10 **Titre** : Découpage-collage **Nombre d'enfants** : 8 à 10 **Titre** : Peinture **Nombre d'enfants** : 4 à 6	

Une UP cognitive avec le maître

● Matériel :

- un carillon des anges (carillon à monter, comportant un axe fixe en métal, deux timbres métalliques, une pièce comprenant des tiges et des anges en métal, un plateau avec quatre emplacements pour y mettre des bougies. Lorsqu'on allume les bougies, la pièce métallique tourne sur elle-même, et les tiges viennent percuter les timbres qui résonnent) ;
- des allumettes ;
- un seau d'eau (en précaution).

● Objectifs :

- **Comprendre** ce qu'est le feu.
- **Expérimenter** et faire des comparaisons.
- **Alerter** les enfants à propos des dangers du feu (sécurité, prévention).

● Stratégie :

Vers Noël, le maître va apporter en classe un carillon des anges.
Ensemble, on va :
- Monter le carillon. Assembler les différentes pièces en les emboîtant les unes dans les autres.
- Disposer les quatre bougies qui vont servir à faire tourner les anges.
- Allumer les bougies et observer ce qui va se passer.
- Déduire que c'est la chaleur émise par la flamme des bougies, qui en montant, fait fonctionner le carillon. Si on les éteint, il s'immobilise.
- Chercher à définir ce qu'est le feu.

Rechercher des situations dans lesquelles on utilise le feu (exemples : quand on se chauffe, lorsqu'on prépare les repas, lorsqu'on allume des bougies, etc.).
Faire parler les enfants pour les informer des dangers du feu, bien entendu en faisant référence à leur vécu : on peut se brûler le doigt si on touche à la flamme d'une bougie, d'une allumette, d'un briquet, etc.
Parler des incendies qui ravagent les forêts et des moyens de lutte contre ce fléau.
- Expérimenter : faire brûler plusieurs matériaux dans une cheminée ou dehors, quand on aura préparé un petit foyer avec quelques briques.

Proposer, par exemple :
- du papier ;
- du carton ;
- un morceau de bois ;
- un bout de tissu ;
- un objet en métal ;
- un caillou.

Noter ce qui va changer au niveau de la combustion.

● Évaluation :

Les enfants ont constaté que certains matériaux se consument plus rapidement que d'autres et que quelques-uns ne brûlent pas (métal, caillou).
Ils ont remarqué au cours de cette expérience que lorsqu'une matière brûle, on peut voir des flammes et sentir la chaleur qui se dégage lors de la combustion.
Aider les enfants à bien formuler tout cela, en utilisant le vocabulaire adéquat.

● Prolongements :

● Organiser une sortie pour aller visiter une caserne de pompiers[1].
● Réaliser d'autres expériences sur la combustion, et observer ce qui va se passer.
Exemples :
- Faire chauffer un liquide, comparer les résultats avec ceux obtenus lors de l'expérimentation sur l'eau.
- Priver un combustible d'oxygène, en le plaçant sous un récipient en verre. Analyser les résultats ; vérifier ce qui a été retenu des expériences sur l'air.
- Étudier les volcans. Rechercher de la documentation (exemple : *Textes et documents pour la classe*, n° 261 du 16 avril 1981).

Des Activités Satellites

● AS1 : Graphisme

Représenter le feu avec des moyens différents (plusieurs outils ; plusieurs supports).

● AS2 : Découpage-collage

Mettre à la disposition des enfants plusieurs sortes de papiers (Canson de couleur, papier de soie, papier brillant, papier gommé, kraft, etc.). Représenter les flammes du feu.

Collage : les flammes du feu.

● AS3 : Peinture

Donner aux enfants des couleurs chaudes ainsi que du bleu, du vert et du noir.
Leur demander de peindre le feu, en utilisant plusieurs outils ; par exemple des fourchettes en plastique, des plumes d'oiseaux, des pinceaux, des brosses, des tiges de feuilles, etc.

Observations pour le maître :

[1]. - Fédération nationale des sapeurs pompiers de France, 27, rue Dunkerque 75010 Paris, tél. : 45.26.18.18.

Séquence 12

LA VUE

Une Unité Pédagogique		Des Activités Satellites	
Titre : La vue		**AS 1**	**Titre :** Dessin
Nombre d'enfants : 6			**Nombre d'enfants :** 6
Durée de l'UP : 20 à 30 minutes		**AS 2**	**Titre :** Collage
Reprises : 4 fois			**Nombre d'enfants :** 6
Période : février		**AS 3**	**Titre :** Mathématiques
			Nombre d'enfants : 6
		AS 4	**Titre :** Jeux éducatifs
			Nombre d'enfants : 6

Une UP cognitive avec le maître

● Matériel :

- plusieurs kaléidoscopes ou férioscopes ;
- un panneau de dessins ou d'images ;
- des feutres fins, des feuilles de papier ;
- des loupes ;
- des objets « trompe-l'œil ».

● Objectifs :

- Faire prendre conscience à l'enfant de ce qu'est la vue.
- Recevoir des images colorées, lumineuses, qui nous montrent comment fonctionne l'œil.
- Évaluer la distance d'un objet.
- Aborder la notion de confort visuel[1].

● Stratégie :

Les enfants vont s'exprimer sur ce qu'on voit avec les deux yeux (la couleur, la forme) et sur ce qu'on n'arrive pas à voir (on ne voit pas derrière soi ; on ne voit pas dans le noir ni quand on a les yeux fermés).
Première expérience : se cacher un œil avec la main. Les enfants vont constater qu'ils ne voient plus de la même façon, car une partie du champ visuel disparaît. Se cacher l'autre œil.
Deuxième expérience : travailler sur les notions suivantes en déplaçant un panneau de dessins ou d'images :

- voir de loin ;
- voir de près ;
- voir de trop près ;
- voir sur les côtés.

Les enfants notent lorsqu'ils peuvent voir nettement ou au contraire quand ils voient flou. Ils remarquent par exemple que pour bien voir sur les côtés, on est obligé de tourner la tête et le regard vers l'objet concerné.
Troisième expérience : on va proposer un matériel qui va stimuler l'œil afin de mieux comprendre les mécanismes de la vue.

Les enfants vont manipuler des kaléidoscopes. Ils vont commenter ce qu'ils vont voir dans ces appareils, au fur et à mesure de leurs découvertes (couleurs, formes, dessins...).
Voit-on la même chose selon qu'on regarde dans les kaléidoscopes avec l'œil droit ou avec l'œil gauche ?

Quatrième expérience : on va utiliser des loupes. Les enfants vont parler de ce qu'ils voient : les objets semblent grossis par la loupe, selon que l'on rapproche ou éloigne cet appareil. Faire le rapprochement avec les lunettes que portent certains enfants de la classe. Se demander à quoi elles servent et pourquoi on en porte.

Cinquième expérience : proposer des « illusions d'optique » fabriquées soi-même ou achetées dans le commerce.
Exemple : dessiner un objet ou un animal (oiseau) sur la face d'un carton, et une cage ou un contenant sur l'autre face. Prévoir deux trous de part et d'autre du carton dans lesquels on passera des fils préalablement torsadés sur eux-mêmes. En faisant tourner le carton, on voit l'oiseau dans la cage.
Les enfants essayent d'expliquer ce qui se passe : la vitesse rotative du carton donne cette illusion.
La séance se termine en dessinant un ou plusieurs motifs aperçus dans le kaléidoscope.

● Évaluation :

Collectivement, les enfants vont expliquer aux autres groupes ce qu'ils ont pu voir, et les informations précises recueillies au cours de ces expérimentations.

Ont-il perçu par exemple, que l'évaluation de la distance d'un objet ne peut bien se faire qu'avec les deux yeux ?
Ont-ils pris conscience que l'œil a ses limites ?

● Prolongements :

• Collecter des publicités représentant l'œil dans des magazines.
• Exploiter ces documents en expliquant aux enfants comment l'œil est fait (il est sphérique). Préciser le vocabulaire : *iris, pupille, blanc de l'œil*, etc.

• Travailler sur la vision des animaux. Rechercher des informations sur ce sujet dans un guide animalier.
• Faire des comparaisons avec la vue humaine. Noter l'adaptation des yeux des animaux à leur mode de vie.

Des Activités Satellites

● AS1 : Dessin

Utiliser des crayons à la cire, des pastels ou des gros feutres pour faire un travail sur la couleur.

● AS2 : Collage

Proposer des papiers très colorés (exemples : papiers de bonbons ; papier fluo, gommé...) afin d'effectuer un collage en jouant sur la couleur et la transparence.
On pourra également les superposer pour mélanger les couleurs entre elles.

● AS3 : Mathématiques

Donner de multiples objets colorés à trier (jetons, bouchons colorés, bûchettes, papiers...). Les ranger dans des boîtes transparentes. Coller sur le couvercle une gommette de la couleur correspondante, pour un repérage visuel rapide.

● AS4 : Jeux éducatifs

Proposer des puzzles très colorés, types puzzles de cubes avec dessins géométriques. L'enfant va observer, assembler, combiner les cubes entre eux.

• •

Observations pour le maître :

• •

1. - Comité départemental d'éducation pour la santé, 9, rue Newton, 75016 Paris.

Séquence 13

GOÛTONS À TOUT

Une Unité Pédagogique	Des Activités Satellites	
Titre : Goûtons à tout **Nombre d'enfants :** 6 **Durée de l'UP :** 20 à 30 minutes **Reprises :** environ 4 fois **Période :** mars-avril	AS 1	**Titre :** Graphisme **Nombre d'enfants :** 6
	AS 2	**Titre :** Découpage-collage **Nombre d'enfants :** 6
	AS 3	**Titre :** Mathématiques **Nombre d'enfants :** 6
	AS 4	**Titre :** Jeux éducatifs **Nombre d'enfants :** 6

Une UP cognitive avec le maître

● Matériel :

- des sirops de fruits sans colorant (prévoir plusieurs parfums, exemple : citron, orange, menthe, fraise, framboise, anis, etc.[1]) ;
- des verres, de l'eau ;
- des étiquettes auto-adhésives où sont inscrits les noms des différents parfums des sirops.

● Objectifs :

- Apprendre à reconnaître une saveur parmi d'autres.
- Éduquer le sens du goût.
- Stimuler les papilles gustatives.
- Prendre conscience de l'infinie variété des goûts[2].

● Stratégie :

Tout d'abord, on fera l'inventaire des différentes saveurs que nous connaissons. Puis, on va proposer aux enfants un jeu de reconnaissance gustative dans la gamme des goûts sucrés, saveurs qu'ils préfèrent à toutes les autres.
On va donc :
● **Recenser** les différents goûts qu'on connaît en apportant des exemples précis :
- sucré : bonbons, chocolat, sirop, gâteaux, fruits... ;
- salé : sel, légumes, viande, cacahuètes, huîtres,
- acide : citron, tomate, vinaigre...
- amer : salade rouge, pamplemousse...
- neutre : avocat, eau.

● **Décrire** parmi les aliments ceux qu'on aime, et ceux qu'on trouve mauvais.
On va constater que les goûts de chacun sont différents.
● **Goûter** tour à tour chaque verre dans lequel se trouve un sirop incolore coupé d'eau. Le maître aura rempli au préalable les verres et aura pris soin de coller sous ceux-ci, des étiquettes portant les noms des parfums.
L'enfant va tenter d'identifier par le goût les divers sirops, et de les nommer.
On va vérifier s'il a raison en soulevant le verre, et en lisant le nom du parfum.

● Évaluation :

● Il apparaît nécessaire aux enfants de goûter plusieurs fois les sirops avant de se prononcer sur leurs noms. Certains vont percevoir les goûts et trouver les noms des parfums.

D'autres restent, même après de nombreux essais, incapables de déterminer certaines saveurs.
Il conviendrait alors de proposer de nouveau, quelque temps après, un jeu similaire, avec un autre matériel.

● Prolongements :

● Proposer un autre jeu de reconnaissance gustative, en donnant, par exemple, des bonbons sans colorants. Au préalable, on aura, bien entendu, retiré les papiers d'emballage des bonbons.
● Réaliser une préparation culinaire salée ; une autre sucrée avec les enfants.

● Travailler sur les odeurs. Donner par exemple diverses substances odorantes (thé, chocolat, savon, parfum, vinaigre, citron...) à reconnaître les yeux bandés. Faire prendre conscience aux enfants de l'importance de l'odorat dans la vie quotidienne, et de l'infinie variété des odeurs agréables ou non.

Des Activités Satellites

● AS1 : Graphisme

Proposer des gros bonbons réalisés par le maître. Demander aux enfants de les décorer.

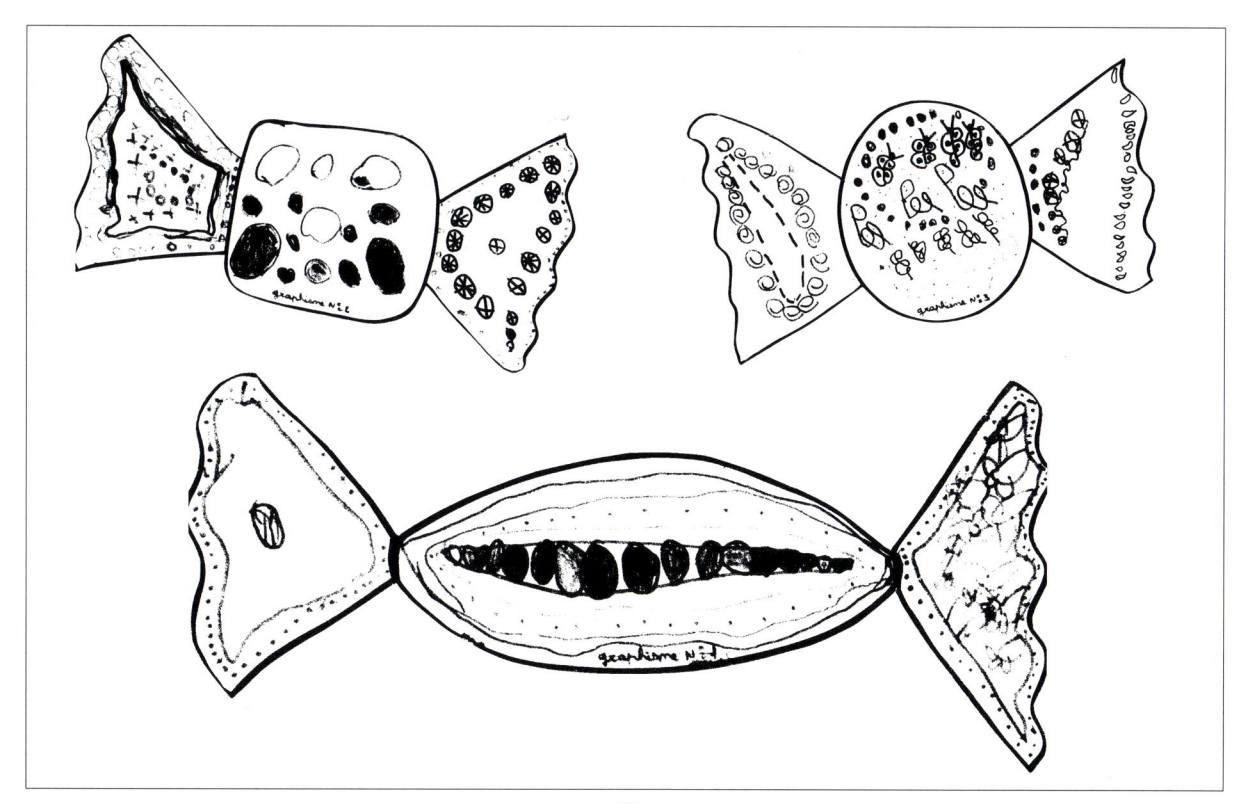

● AS2 : Découpage-collage

Chercher dans des catalogues alimentaires des produits de consommation courante. Découper et coller ceux qu'on aime bien manger sur une feuille de papier.

● AS3 : Mathématiques

Préparer des cartes-jeu en découpant des images de choses qu'on peut consommer, et en les collant sur du bristol. Trier ces cartes selon un critère précis (exemple : produits salés ou produits sucrés, etc.).

● AS4 : Jeux éducatifs

Proposer un jeu de dominos du commerce (exemple : dominos des fleurs ou des animaux).

Observations pour le maître :

1. - Fédération nationale des Boissons, 47, rue de la Glacière 75013 Paris, tél. : 45. 87. 21. 41.

2. - Livre de Maria Ríus et J.M. Parramón, *L'Ouïe, La Vue, Le Goût, Le Toucher* et *L'Odorat,* éd. Bordas, collection « la Bibliothèque des tout-petits ».

Séquence 14

DRESSONS L'OREILLE

Une Unité Pédagogique		Des Activités Satellites
Titre : Dressons l'oreille **Nombre d'enfants :** 6 **Durée de l'UP :** très courte : de 15 à 20 minutes **Reprises :** 4 fois **Période :** novembre	**AS 1** **AS 2** **AS 3** **AS 4**	**Titre :** Graphisme **Nombre d'enfants :** 6 **Titre :** Découpage-collage **Nombre d'enfants :** 6 **Titre :** Mathématiques **Nombre d'enfants :** 6 **Titre :** Jeux auditifs **Nombre d'enfants :** 6

Une UP cognitive avec le maître

● Matériel :

- un magnétophone ;
- une cassette où sont enregistrés divers bruits (cris d'enfants dans la cour, cloche qui sonne, porte qui claque, chasse d'eau, pas dans l'escalier...) de l'univers de l'école que l'enfant connaît bien.
- une cassette vierge.

● Objectifs :

- **Éduquer** l'oreille.
- **Améliorer** la qualité de l'écoute.
- **Apprendre** et respecter des règles de silence.
- **Maîtriser** les mouvements de son corps.

● Stratégie :

À l'école, comme dans la rue, les enfants vivent dans un brouhaha quasi perpétuel.
Ainsi, n'ont-ils plus l'habitude de discerner un bruit parmi d'autres.
On va donc proposer un matériel susceptible d'aider l'enfant à percevoir davantage de sons, dans de bonnes conditions.
On va :
- Mettre la cassette et brancher le magnétophone.
- Écouter une première fois l'enregistrement.
- Commenter ce qu'on vient d'entendre. Certains bruits sont agréables (musique douce, chant des oiseaux), d'autres sont insupportables (cris des enfants dans la cour, bruits du réfectoire...).
On va se demander si on a entendu chacun les mêmes bruits. Les enfants en font l'inventaire et tentent de déterminer leur provenance.
- Réécouter les bruits enregistrés. En découvrir d'autres qu'on n'avait pas perçus la première fois (exemple : la voix d'un maître au milieu des cris d'enfants dans la cour ; le crissement des pneus d'une voiture miniature sur la rampe lorsque les enfants descendent les escaliers...).

Première expérience : bander les yeux d'un enfant. Demander aux autres de se placer en des endroits différents de la classe, et de produire un bruit. L'enfant aux yeux bandés devra indiquer la direction des bruits produits par ses camarades. On vérifiera en ôtant le bandeau si l'enfant a raison.

Deuxième expérience : enregistrer les voix de plusieurs élèves au magnétophone. Les autres enfants doivent identifier l'enfant qui parle et dire son nom.

● Évaluation :

Cette séquence va permettre de faire comprendre aux enfants que pour bien entendre, il faut écouter tout d'abord, puis déterminer le son et sa provenance.
Des moments où le silence total règne en classe vont apparaître nécessaires afin de mieux percevoir l'univers sonore.
Les enfants ont compris qu'il fallait être attentifs pour bien écouter et reconnaître des sons.

● Prolongements [1] :

- **Recommencer** les mêmes expériences dans d'autres situations : dans la cour ; à la maison ; en forêt...
- **Faire écouter** des bruits plus spécifiques (cris d'animaux, musique de tout genre, bruits familiers de la maison, bruits de la rue, etc.).
- **Rechercher** de la documentation sur l'oreille (publicités...).
- **Réaliser** le bruitage d'une histoire ou d'un conte. Enregistrer sur magnétophone.

Des Activités Satellites

● AS1 : Graphisme

Dessiner des objets qui font de la musique (exemple : instruments).

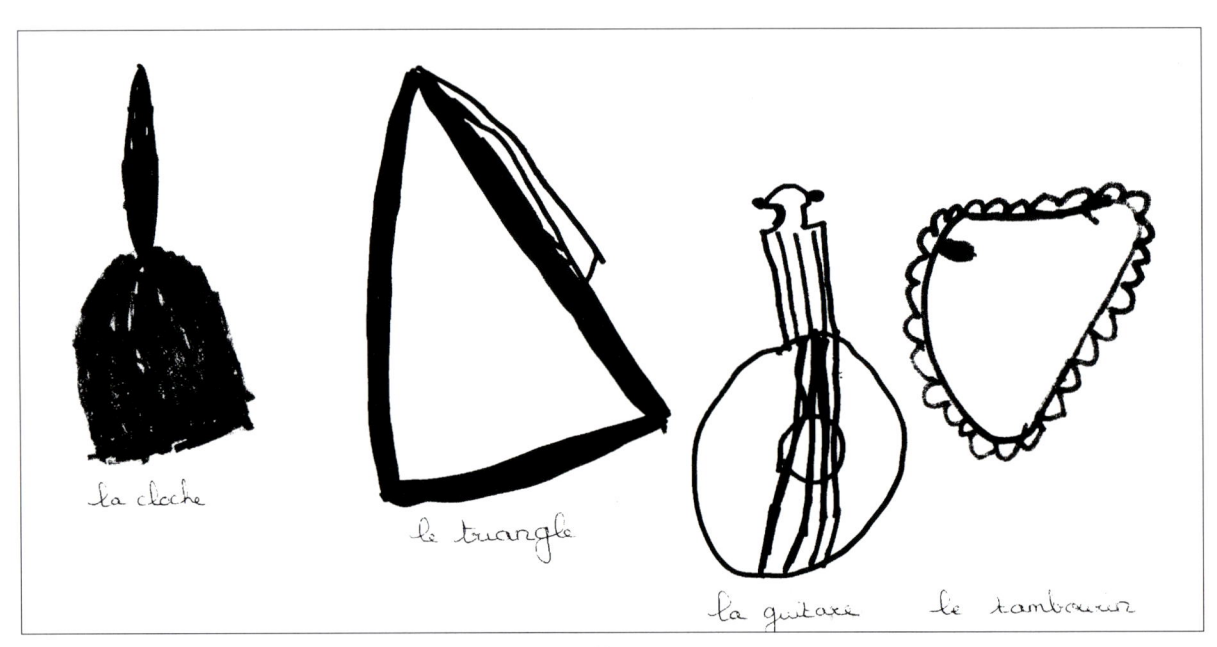

la cloche   le triangle   la guitare   le tambour

● AS2 : Découpage-collage

Rechercher dans des catalogues des objets qui font du bruit. Les découper, puis les coller sur une feuille.

● AS3 : Mathématiques

Utiliser le jeu des chenilles tiré du livre *Les Mathématiques par les jeux*, de L. Champdavoine, petite et moyenne sections, Nathan.

● AS4 : Jeux auditifs

Le loto sonore, Nathan, voir le catalogue du Matériel Éducatif.

Observations pour le maître :

1. - Cité des sciences et de l'industrie : Parc de la Villette à Paris.
Service réservation : 75390 Paris Cedex 19 tél. : 42. 40. 27. 28.
• L'exposition permanente : les sons (bâtiment Explora).
• Les expositions temporaires : les cinq sens (inventorium).
• La cité de la musique.

Table des matières

Pour un autre fonctionnement de la classe 1

Découvertes et expérimentations 3

Séquence 1 : Présentation et observation d'une espèce animale : la salamandre 4

Séquence 2 : Suite de l'observation et dessin des salamandres 7

Séquence 3 : Élaboration d'un terrarium 10

Séquence 4 : La nutrition des salamandres 14

Séquence 5 : La reproduction des salamandres : la naissance ; la métamorphose 17

Séquence 6 : Découvrons le printemps et faisons des plantations 20

Séquence 7 : Jouons avec la neige 23

Séquence 8 : L'eau 26

Séquence 9 : Utilisons la terre 29

Séquence 10 : L'air 32

Séquence 11 : Vivons le feu 35

Séquence 12 : La vue 39

Séquence 13 : Goûtons à tout 42

Séquence 14 : Dressons l'oreille 45

Coordination éditoriale :
Monique Cubertafon

Édition :
Christine Ligonie

Mise en pages :
Envergure

Photographies :
Michel Gounot

Maquette couverture :
Sylvine Bouvry

Composition :
Envergure